deriva

André Fernandes

deriva

são paulo, 2008

André Fernandes © *Deriva*, 2007
Adriana Alves © ilustrações, 2007

Ilustrações
Adriana Alves

Capa
Éric Benitez

Diagramação
Felipe Marques

Revisão
Hedra

Dados Internacionais de Catalogação na Publicação (CIP)

Fernandes, André.
Deriva / André Fernandes
--- São Paulo: Hedra, 2007.

ISBN 978-85-7715-075-5

1 Literatura brasileira. I. Poesia. II. Título.

07-1942   CDD 869-91
Índices para catálogo sistemáticos
1. Poesia: Literatura brasileira 869-91.

[2008]
Direitos reservado em língua portuguesa
EDITORA HEDRA LTDA.
rua fradique coutinho 1139 subsolo
05416 011 são paulo sp brasil
telefone 3097 8304
editora@hedra.com.br
www.hedra.com.br

Foi feito depósito legal

Sumário

APRESENTAÇÃO 7

A CIDADE E A RUA

A cidade e a rua 15 Polui[sol] 16 Cinco dedos, nenhum dado 17
Beco 18 No banco da praça João e Maria 20 Domingo 21
Nunca houve uma vizinha 22 Loverman 23 "Desceram a rua" 24
Coruja 25 A síndica, a prefeita, o cínico 26 A cidade e a rua II 27
Interlúdio 29 (I-IX) Viela 43 Fragmento 44 Cadeia nacional 45

DERIVA

Deriva 49 Um homem 50 Cidade 50 Janelaneoconcreta 51
Fotografia 52 Este poema 53 Andando 53 A morte e a donzela 54
Conto B. 55 Ela 55 Mulher de lado 56 Sobre o bidê 56 Exercício 57
Nikita 58 Ter sido 59 Mal-estar 60 Nota 61 Angola 61
Marco Aurélio 61 Asfalto de bar em bar 62
Antes tarde 62 Telefone 62

Sobre o autor 63

… APRESENTAÇÃO

NA RUA DA POESIA

A poesia não está na rua, nem na cidade ou no peito amoroso, mas no repertório de formas de expressão acumuladas, que constitui a condição de possibilidade do que pode ser dito. Daí que a poesia não esteja na rua, na cidade ou no amor, porque são antes o amor, a cidade e a rua que estão na poesia, quero dizer, essas coisas só existem porque a poesia, nomeando-as, tornou-as possíveis.

A experiência sofreu um deslocamento e passou a ser uma exigência de matiz empírico entre os séculos XVIII e XIX. O poeta árcade ainda produz um teatro racional da representação para dizer-se, já o poeta romântico recusa o artifício e a simulação e postula que haja tão pouca distância quanto possível entre a experiência e a expressão. Um conjunto de poemas como as *Epístolas do Ponto*, de Ovídio, tem uma circunstância empírica, o exílio, como motivação, exterior ao texto, mas incontornável para sua leitura. Entretanto, quem fala não é o homem particular na dor de sua privação, quem fala é a elegia, gênero reservado à queixa, ao lamento.

Por outro lado, a experiência se impõe à poesia, isto é, o poema bem realizado é aquele capaz de apresentar novamente uma experiência relevante do mundo. Acrescente-se que, no mundo em que vivemos, a experiência é minoritária, comezinha, e não quero dizer pobre, porque a palavra parece insuficiente para exprimir esse rebaixamento.

Gosto dos poemas de André Fernandes porque neles encontra-se uma expressão comedida da experiência do homem contemporâneo que é possível reter na poesia. Também porque são desiludidos, e sabemos que, hoje, tudo aquilo que não é decepção é ingenuidade frívola. O sujeito dos poemas é capaz de suportar sua precariedade, sabe que não pode mais ser o Orfeu de um mundo que declara sem mediação o seu sentido, mas contenta-se em ser um Jó sem Deus que, privado de tudo, não abandona seu intento de dotar o mundo de um sentido e de uma legibilidade.

O problema sobre o qual a maioria dos poemas deste livro se debruça é o da delimitação do espaço da experiência, daí a importância da tematização da cidade, como primeira objetivação desses limites. Mas a cidade ainda é grande demais para ser abarcada. Ela será descartada em favor de uma unidade menor, a rua. Nesta é que se constitui, de fato, o primeiro espaço da experiência.

Nesse momento inicial, há continuidade entre o pequeno mundo da rua, contida pela cidade, e o sujeito que o inventa. Mais tarde, vemos ocorrer a disjunção, no poema "Viela", e o surgimento do segundo problema, que deve ganhar mais espaço nos próximos livros, o problema da invenção de um sujeito para protagonizar a cena lírica de um mundo arruinado. Esses são os dois temas que orientam a investigação dos poemas. Eles se desenrolam paralelamente, com o desenho da cidade e o protagonista da cena, tornando-se cada vez mais nítidos.

O aparecimento desse sujeito recessivo ocorre de dois modos. Um desses modos é a transferência do ponto de vista para um dos componentes da cena, em poemas de efeito objetivista, como "Coruja" e "Domingo", em que o sujeito aparece negativamente, isto é, em seu empenho de se fazer invisível. O outro é pela enumeração, um dos procedimentos marcantes da figuração urbana e subjetiva, em poemas como "Cinco dedos, nenhum dado" e "A cidade e a rua II". As enumerações não são produto da livre associação, porque sua seleção implica escolhas particulares em que o sujeito, na impossibilidade de sintetizar-se, mostra-se na dispersão das coisas.

Há no livro bons poemas sobre São Paulo (todos são, mas alguns nomeiam a cidade e tentam circunscrever sua experiência), que não é um tema fácil de ser tratado e em que se cai facilmente no pitoresco. Leiam-se "Fotografia" e "Cidade".

O poema "Cadeia nacional" guarda correspondências com "Momento num café", de Manuel Bandeira. Ambos tematizam a banalização da morte que se apresenta publicamente. O poema de Bandeira tem um registro grave que é refeito aqui em tom mais prosaico, com o morto interrompendo o trânsito da população de São Paulo que, como formigas, está eternamente empenhada em continuar uma construção que nunca acaba. Um poema como "Desceram a rua" deixa-se ler como refiguração da descida de Orfeu ao inferno para buscar Eurídice. O limiar entre os mundos aqui é a aurora, que separa o dia da noite em que esse Orfeu, que aqui se chama João, desce para ir buscar sua Eurídice, apenas para perdê-la outra vez. O tom prosaico e o registro coloquial tem um ótimo momento em "A morte e a donzela".

A poesia é uma arte que abandonou seu cabedal de regras. A liberdade formal e temática reivincada pelos poetas românticos e depois pelas vanguardas, correlata da exigência de originalidade e antecipação de formas futuras, era um programa que foi se tornando uma regra, que é não ter regras. Quando lemos a poesia contemporânea nos encontramos diante de um tabuleiro deserto ou, de outro ponto de vista, repleto de todas as possibilidades já experimentadas e por experimentar. Independente do alcance das respostas, um conjunto de poemas pode ser avaliado pela qualidade das perguntas, por aquilo que se recusa e o que se mantêm no jogo e, dessa perspectiva, os poemas de André Fernandes merecem atenção, pelo modo como conseguem pôr em movimento aspectos relevantes do moderno repertório lírico.

Iuri Pereira

A CIDADE E A RUA

A cidade e a rua

A rua termina
na palavra cidade e todas
as possibilidades da cidade
começam na rua.

Polui[sol]

No canto
o sol não
nasce

                      só a gaivota voa na folha

o céu está distante
de onde escrevo

é cedo
onze e quarenta
não vejo
o sol

ele está
embotado
por outra imagem
fingindo
ser sol
uma massa de gases
na manhã.

Cinco dedos,
nenhum dado

A cidade começa na rua
bituca copo vazio calçamento quebrado
moeda saco de lixo preto
padaria jornal camelô
cachorro guardando velocidade
corpo máquina aro de bicicleta
a cidade termina no beco.

Beco

De manhã, a cidade
se encontra no beco.

A colombina, o arlequim e o pierrô
sobem a rua já desfeitos.

Antes de abrir a porta do carro
a colombina pergunta
quem vai sentar na frente.

No banco da praça
João e Maria

O vento os leva folha no ar
azul e poeira
como quem dá às mãos
dados e dédalos.

Domingo

As janelas olham
o ciclista passar
raio no azul da tarde
no elevado Costa e Silva
violetas sobre a sacada
antecipam o dia seguinte
verde azul vermelho
e alguma poeira.

Nunca houve uma vizinha

Ela não tinha nome
sempre a tratei bem.

Percebi depois:
nunca houve uma vizinha.
Nunca houvera uma vizinha safada
como no sonho do cineasta.

Mas posso criá-la no poema,
a vizinha inexistente.

Loverman

Não vi a cidade diminuir
ganhar peso forma conteúdo.

Quando criança via
cidade na rua
todas as trapaças que fazíamos
uns com os outros,
mentiras que contávamos
já eram justas.

Eu não sei
mas me sinto tão triste.

Desceram a rua antes de amanhecer.
Não deram as mãos.
Ele olhava os olhos dela, molhados.
Ela olhava os dele, vazios.
Na última viela
se olharam mais uma vez.
As mãos dela tocaram as dele,
que já pendiam rente ao corpo.
Quando disse, vai com cuidado João.

Coruja

Repousa sobre o ombro de Minerva
na praça da República

à tarde, asas abertas
observa a cidade.

A síndica, a prefeita, o cínico

A síndica do prédio
só se preocupa com a limpeza.

A prefeita
só cuida do transporte urbano.

O cínico
só, curioso, quer saber
quanto isso vai custar.

A cidade e a rua

Nasci na Liberdade,
entre o Centro e o Paraíso.
Vivi em Pinheiros.
Cresci nas ruas adjacentes
e não havia percebido até agora
as possibilidades de combinar
pessoas lugares árvores
coruja praça carnaval.

INTERLÚDIO

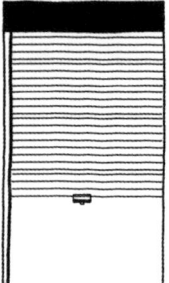

I

Todas as cartas de amor são ridículas
como aquela lagarta andando na folha
e você emocionada com o inusitado do fato

como todos os poemas são de amor
como a borboleta brotando do seu ósculo
e você tímida sem saber onde pôr as mãos

como todos os momentos de esquecimento
em que deixamos as formigas comerem as borboletas.

II

Acordei, lavei o rosto
e deixei a água descer meu rosto.

Aqueles olhos no espelho eram.

Fui te buscar
pelas ruas de cachorro carro padaria
sem caneta óculos paletó

tinha esquecido como é longe a Consolação.

III

E desceu os olhos até os meus
tentando encontrar cumplicidade
na palma da mão

as linhas que nos ligam
são as mesmas
e elas nunca estiveram em nossas mãos.

IV

Farei todas as poções
os venenos
as intrincadas fórmulas
para manter o gênio na garrafa
para que ele sempre realize meu desejo
(…).

V

Ingênuo
tentei o horóscopo
o I-Ching, o tarô,
mas, além dos oráculos,
a sua voz.

VI

Naquele dia acordei mais cedo
para ver a luz da manhã
banhar a borboleta
recém-chegada de sua crisálida.

VII

Meu vizinho chinês dizia
– Formiga *compirica* vida
deruba casa, come borboleta.

VIII

Alinhou o lençol
deixou o pijama sobre a cama
saiu de casa soluçando
as palavras que tinha dito.
Pegou uma folha amassada
da única nota
que havia tomado para a tese:
já ouvi essa música.

IX

Lavei a fruta na água corrente
deixei-a sobre a fórmica branca
esperei até que evaporasse a água.

Ali, a fruta ficou anos
apodreceu, brotou, deu frutos.

Quando voltei para buscá-la
era outra.
(A força e o vigor
eram os mesmos.)

Meus dentes já não eram.
(Aquele corpo era o desafio.)

Fui embora.

VIELA

Viela

Basta o dia
fingindo massa de gases.

Ressaca,
 e o rosto no pedaço de espelho no chão
— a rua não sou eu.

Enquanto isso,
acho que vou andando até em casa.

Fragmento

Amor brota na pele escura
na grota se faz advinha
descobre-se em novos caminhos
além das veredas
das idas e vindas
que não é borboleta
não é formiga
são dois corpos expelindo muco
esfregando vísceras.

Cadeia nacional

Hora do Brasil,
o trânsito do morto
da Assembléia Legislativa
até o Morumbi
interrompe o tráfego
das crianças na rua,
uma delas pergunta
quem era o ilustre.
Ninguém sabe,
não era esportista, nem político.
Ninguém sabe.
Ninguém pára para olhar
os olhos do morto
que não tem ares ilustres.

João e Maria,
de mãos dadas,
aproveitam para atravessar a rua.

DERIVA

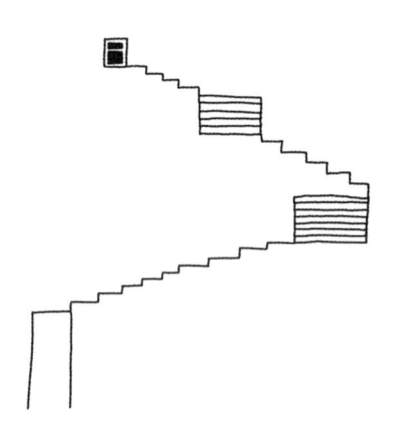

AQUI

Deriva
deriva
todo
sentido

todo
sentimento
de gato

com
toda isenção
de deitar-se

com
toda
facilidade
de se
desvencilhar

sem
pedir
mais

Um homem
um homem é um cão
à deriva, a deriva do sentimento
de cão

sentimento de planta
que se deita e se esfrega

sentimento
raiz plantado
na terra a deriva de um ir
preso

um homem é um cão
olhando o dono antes de morrer

Cidade
s. Paulo
se amar s. Paulo de piratininga
sem mar sem estranhar
s. Paulo
sem ser a preamar
de cidade-edifício
será a cidade
compossível de Espinosa
Niemeyer e Artigas

Janelaneoconcreta
janela de repetição de versosladoalado
janela de linguagem coesa
janela de imagem
janela de imagem sobre imagem
janela de metalinguagem
janela de
janela de mulher e casa
janela de sair vapores de uma panela
janela de imaginar e nunca existir
utópica janela

Fotografia
habitar s. Paulo
é habitar fotografias

um edifício, um gesto perdido
no elevado Costa e Silva
uma chuva na Liberdade
qualquer lugar-comum
já fotografado

habitar s. paulo
é habitar o duplo

o outro que poderia ser
você segundo antes
num acidente de trânsito
ou sorteado a última bola
do bingo ou ainda ser
feliz por um segundo de pinga

habitar s. Paulo
é habitar Cingapura

e estar por aí provisoriamente

Este poema

uma dicção dêitica
sem poesia
este poema

uma ficção fria
sem rima
neste poema

uma intenção cínica
sem ímã
este poema

Andando

aqui! aqui mesmo!
não distrai não!
este poderia ser o poema
mas não é
ele ainda está
andando pela
cidade de janela à rua
à janela
tentando firmar
à tinta uma cidade
desentendida
aquialilá

ALI

A morte e a donzela
vai ali
ali, na esquina, tem uma mulher de rosa
vendendo doce, salgado
coxinha, empada, enroladinho
essas coisas
não, não importa
vai, vai ali
depois volta aqui
quero ver sua cara

Conto B.
B. nasceu, cresceu e morreu
da vila da Penha
nunca saiu da Z/L
nunca brincou na rua
nem teve espectativa
ficava olhando da janela
quando ficou mocinha
veio a madrinha
pai e mãe no retrato não sorriam
B. deu a mão pra madrinha – que tremia
dizendo
agora vai ficar tudo bem

Ela
lavou, passou
uma camisa branca comprada no Recife
deitou-a sobre a cama
com cuidado para não amassar
ele veio
saiu para rua de camiseta
amassada com rosto de bebida

Mulher de lado
escandi suas pregas, dobras, pragas
todas ali pareciam pequenas
diferentes daquelas das crises

reses: fui indicando o caminho
ao corpo, cada vez mais magro

fezes: saíram, com os demônios
fantasmas e herança heráldica

de lado a luz não ilumina
o resto do rosto
não dá pra ver ainda essas rugas
que lhe dei

Sobre o bidê
descumpriu ordem médica
foi fio a fio selecionando-os
com a pinça se carpindo
até não poder mais

Exercício

três prostitutas
e um cara, e outros dois
e dois copos de Antárctica

a mais alta e a mais baixa são namoradas
e andam de mãos dadas
disse a mais bonita, clara

os três de línguas pra fora
davam com a mão pra quarta
que já não está na quadrilha
e não gosta de ninguém

Nikita

nikita não há
(é a figura
que anda sobre o muro)

com seu andar
gravita
órbita vizinha
vestida em negras barras
sob ouro

corpo mudo
pé ante pé
para lá e para cá

arrepia-se ao ver
outras nikitas
para lá e para cá

Ter sido

ela podia ter sido

só ela

ter sido o marido

que a deixou

os filhos

que foram embora

as aventuras da juventude

as idiossincrasias

cheias de vicissitudes

da idade madura

ela podia ter sido

– fora apenas

uma mulher

Mal-estar

deve haver outra solução
pra essa rua
apesar do bueiro aberto
do asfalto

um homem pode tapar o buraco
outro pode ordenar o serviço

a vida continuar sem cactos
pelo caminho
atrapalhando o tráfego

LÁ

Nota
lá é um deslocamento de tempo
no contínuo das imagens
que já não servem

Angola
morou em Angola
veio ao Brasil (com 12 anos)
conheceu todos os intelectuais de 45
morreu uma guerra depois
o soldado desconhecido

Marco Aurélio
no cotidiano das coisas
lagarta e borboleta
fingem mais do que autores

Asfalto de bar em bar

um tigre passeia um corpo

cão e rosa se distraem

Antes tarde

menino, quis matar mais de um

não posso mais

Telefone

um aqui ali lá

tão distantes

Sobre o autor

André Fernandes nasceu em São Paulo, em maio de 1976. Cursou letras na Universidade de São Paulo. Foi professor de língua e literatura brasileira e portuguesa. Publicou o caderno de poemas *Miniaturas*, com Cláudio, edição do autor. Teve alguns dos poemas deste livro publicados na revista *Entrelivros*, em 2006. Atualmente trabalha como editor.

Agradecimentos
Adriana Alves
André Carvalho
Éric Benitez
Iuri Pereira
Jorge Sallum
Felipe Marques
Laura Teixeira
Marcelino Freire
Plinio Martins Filho

ADVERTE-SE AOS CURIOSOS QUE ESTE LIVRO FOI
COMPOSTO EM WALBAUM MT CORPO 12 A 8 E
IMPRESSO EM SAO PAULO NAS OFICINAS
DA GRAFICA VIDA & CONSCIENCIA NO
MES DE SETEMBRO DO ANO DE DOIS
MIL E SETE EM PAPEL OFF-SET
NOVENTA GRAMAS.